J. BARBEY D'AUREVILLY

RHYTHMES

OUBLIÉS

PARIS
ALPHONSE LEMERRE, ÉDITEUR
23-31, PASSAGE CHOISEUL, 23-31

M DCCC XCVII

RHYTHMES OUBLIÉS

IL A ÉTÉ TIRÉ DE CET OUVRAGE :

500 exemplaires sur papier de Hollande.
10 — — du Japon.

Tous ces exemplaires sont numérotés et paraphés par l'Éditeur.

EXEMPLAIRE SUR HOLLANDE

J. BARBEY D'AUREVILLY

RHYTHMES
OUBLIÉS

PARIS
ALPHONSE LEMERRE, ÉDITEUR
23-31, PASSAGE CHOISEUL, 23-31

M DCCC XCVII

QUAND TU FUS PARTIE...

1

Hier soir (car ce sera hier soir et non plus aujourd'hui quand tu liras ces lignes tracées avec un cœur plein de toi); hier soir, quand tu fus partie, je te suivis longtemps dans ma pensée. Je te vis, passant de toute la vitesse de tes chevaux à travers les champs de colza que j'aime; — le ciel était criblé d'étoiles qui commençaient à babiller entre elles comme des fées joyeuses, le vent roulait dans les vagues de nacre d'un air pur la senteur du trèfle et des violettes écloses sur la lisière des fossés.

II

Mais tu ne songeais pas à regarder les étoiles ni à respirer l'air embaumé du soir; car il y avait dans ton cœur affligé plus beau que ces étoiles scintillantes, et dans ton sein un bouquet plus doux que les parfums de la violette, c'étaient les regards qui t'avaient dit : « Je t'aime! » toute la journée de ce jour passé trop vite, et le souvenir de celui que tu laissais derrière toi.

III

Et voilà pourquoi, bonheur passé, chose sacrée! ces regards doivent te poursuivre dans tous tes rêves. Que ce souvenir s'ancre au plus profond de ton cœur! Avant que tu les oublies, qu'il n'y ait plus pour ton souffle de parfums à aspirer dans la nature, ni pour ton œil d'étoiles à contempler au ciel!

IV

Emporte-les, emporte-les, quelque loin et quelque vite que tu ailles ! Et quand tu seras arrivée, ne ferme pas ton cœur à ces regards que tu semblais chercher hier encore, comme on ferme sa fenêtre aux étoiles quand on est lasse de rêver le soir ! Ne jette pas le souvenir de notre journée comme ce bouquet fané. Ton bouquet, en le trempant dans l'eau fraîche, tu pourrais peut-être le faire revivre. Tes étoiles chéries, tu leur rouvrirais ta fenêtre demain soir à la même heure, qu'elles te diraient avec leur rougissant sourire : « Nous vous attendions à votre seuil ! » Mais le bonheur d'hier, tu n'as pas d'eau fraîche pour le faire revivre ; mais les regards de celui qui t'aime, ouvre ta fenêtre et regarde, pauvre désolée : excepté dans ta pensée, tu ne les retrouveras plus !

1834.

QUAND TU ME REVERRAS...

I

Quand tu me reverras au milieu du monde, ne me regarde plus et écoute-moi moins encore. Ce n'est pas ainsi que j'étais autrefois, ce n'est pas ainsi que tu m'as aimé. Le monde ne m'a appris qu'à être un esprit léger et frivole. Pour vivre avec ses favoris et à l'abri de coups trop tôt reçus, il m'a fallu railler sur tout et mentir avec grâce, il m'a fallu me croiser quatre griffes de lion sur le sein.

II

Quand tu me reverras seul, ne cherche point dans l'amer dédain du sourire les vestiges d'un changement qui ne menace pas ton amour. Je serai heureux auprès de toi, — heureux d'un bonheur comme tu sais le donner, quoique je l'aie reçu avec plus d'ivresse. Ce n'est ni ta faute ni la mienne, si les jours passés ne sont plus. En s'en allant ils ont emporté toutes les joies, n'en laissant qu'une, mais la rendant amère, celle-là que ni le temps ni le monde ne pourrait à présent nous ravir.

III

O Clary! toi qui m'es restée quand l'oubli entraînait tous ceux que j'aimais loin de moi, si tu ne me retrouves plus tel que j'étais, pleure sur moi, pleure sur nous deux; mais ne pleure pas sur notre amour, puisqu'il habite encore ce cœur déchiré et froidi. Quand la mort *nous* aura frappés, il pourra disparaître comme nos poussières, mais il ne cessera pas de subsister. Dussions-nous ne pas nous revoir, ce qui fut moi te restera fidèle et, si c'est un rêve, je veux rêver que nous nous aimerons.

1836.

NIOBÉ

I

Oui! Vellini, tu as une rivale. Quand ce soir, revenus tous deux de la fête, tu t'es rejetée dans mes bras, mes yeux n'ont pas cherché ton regard et ma bouche a trompé la tienne. Tu étais sur mon cœur et je t'oubliais. Ma pensée t'était infidèle. Vaine d'amour, tu croyais sans doute que je contemplais cette chevelure aux mille serpents d'or, tordus sur le vermillon de tes joues, comme si, vivants, ils en avaient senti la flamme. Non! ma Vellini, je rêvais au pâle camée de ton diadème; à cette inerte figure de Niobé, mise, comme parure, sur un front jeune, et qui semblait fouler avec dédain, ma Vellini, ta jeunesse, ta beauté, l'Amour et la Vie.

II

Niobé! Voilà ta rivale, Vellini. Avant de t'aimer, que de fois j'ai pensé à elle! Depuis que je t'aime, toute grandeur et toute infortune me faisaient prononcer son nom. Aujourd'hui je la rencontre encore; tu te couronnes de son image. Front charmant, éclairé des rayons les plus doux, tu es comme le Piédestal de cette douleur muette qui me regarde, au-dessus de tes yeux chargés de volupté et de tendresse, avec deux yeux désespérés et froids.

III

C'est bien Elle; — c'est bien cette physionomie unique dans les temps anciens où l'étincelante beauté était seule adorée et où les Dieux apparaissaient comme le symbole animé de la vie. — C'est bien Elle, la seule triste, la seule pâle que j'aie vue parmi tous ces visages riants et gracieux, ceints de guirlandes ou courbés sous le poids des corbeilles. Reine sans bandeaux, à l'épaule nue, — étrange Coéphore qui portait sur sa tête maudite — mais toujours droite — ces grandes fleurs empoisonnées de la terre : la Douleur, l'Orgueil et l'Impiété.

IV

O Niobé, je t'ai toujours aimée! Dès mon enfance ton image me plut et attira ma rêverie, avant même que je pusse savoir qui tu étais. — Il y avait, dans un angle obscur de la maison paternelle, un buste blanc, noyé dans l'ombre, mais visible à mon regard curieux. Que de fois j'interrompis ma tâche ennuyeuse pour le contempler de cette vue inquiète et longue des êtres mal accoutumés aux choses dans ces premiers instants de la vie! Que de fois, appuyé sur le coude, je regardai la figure inconnue qui était femme et qui ne souriait pas!

V

La figure, sinistre et blanche, avait les cheveux relevés et tordus négligemment derrière la tête comme j'avais vu souvent ma mère, le matin, — quand, sortant de son lit aux Sphinx de bronze, elle nous emportait dans ses bras. — Rien ne voilait le visage, incliné un peu sur l'épaule, mais le front hautainement tourné vers le ciel. Ni boucle égarée, ni tresse pendante ne flottait sur ce large cou auquel un enfant plus âgé que moi — que moi dont la tête dépassait déjà la hanche de ma mère — se serait suspendu, les mains enlacées, sans le faire plier de son poids.

VI

Les seins au vent, fièrement échappés de la tunique, calices d'albâtre, auxquels j'ignorais que quatorze enfants

avaient bu. — Cette blanche figure m'atteignait comme
d'un rayon, du fond de son angle mystérieux et sombre,
et me communiquait l'immobilité de sa pose éternelle.
Je préférais l'intrépide contour de cette lèvre entr'ouverte
et muette, mate et pâle, sans souffle et glacée, et que j'aurais
eu effroi de baiser, à celle qui rouge de vie et chaude de
tendresse me dédissait le front chaque soir. Je préférais
l'œil sans prunelle du plâtre grossier et fragile aux flammes
intelligentes de la pensée et du sentiment.

VII

Je ne savais pas (heureux enfant!) ce que c'est que la
Beauté, la Douleur, l'Orgueil, tout ce qui vivait sans respirer dans ce plâtre morne et blême. Je ne savais pas ce
que c'est que d'être nue, ce que c'est que d'être impie, et
pourquoi, ô buste inconnu, ils t'avaient donné l'air éton-
nant que tu avais! Mon sein que tu n'agitais pas, était
fermé sur les profondeurs de ma destinée. Depuis, il s'est
ouvert comme un gouffre. Beauté, Douleur, Orgueil, je
vous ai connus! J'ai appris que vous étiez la vie, et que
toi, tu t'appelais Niobé!

VIII

O Niobé! comment n'aurais-tu pas été orgueilleuse? Comment n'aurais-tu pas été impie?... Tes flancs, plus féconds que ceux de Latone, s'étaient refermés, après les déchirements de l'enfantement, et le sang immonde de la femme n'en avait pas terni la divine splendeur. La Douleur, pour toi, ce fut la carène qui ouvre le sein de l'Océan sans le blesser. — Belle, et mère d'enfants dignes de toi, tu souriais quand on te parlait de l'Olympe. Pour te punir, les flèches des Dieux atteignirent les têtes dévouées de tes enfants, que ne protégea pas ton sein découvert. Quand il ne resta plus de poitrine à percer que la tienne, tu la tournas avidement du côté d'où venaient les coups... et tu attendis! Mais en vain, noble et malheureuse femme! L'arc des Dieux était détendu et se jouait de toi.

IX

Tu attendis ainsi, — toute la vie, — dans un désespoir tranquille et sombrement contenu. Tu n'avais pas jeté les cris familiers aux poitrines humaines. Tu devins inerte, et l'on raconte que tu fus changée en rocher pour exprimer l'inflexibilité de ton cœur; — un rocher bien inébranlable, contre lequel la colère des Dieux et l'épouvante des hommes s'usaient comme les gouttes de la rosée des nuits qu'y venait sécher chaque aurore et que l'on prenait pour des pleurs.

X

Image de la Force morale, qui se détourne amèrement de la Providence, pour ne s'appuyer que sur soi, ô Femme Antique, qui pense à ce que ton nom rappelle, dans nos jours légers et oublieux? Excepté moi, peut-être qui te détaches du front que j'aime où la Fantaisie, devenue sévère, te plaça de préférence à une fleur, qui pense à toi, fière et stoïque Niobé? Les hommes ont profané toutes choses. Tu n'es plus à présent qu'un camée dans deux bandeaux blonds. Fût-ce les tiens (Vellini, pardonne!), tu avais raison, Niobé, d'être impie; mais, s'il y a des Dieux, ils sont trop vengés.

Février 1844.

LES QUARANTE HEURES

A mon frère, l'abbé Léon d'Aurevilly

I

DE tous les jours que l'Année, cette joueuse au cerceau, chasse devant elle, le jour d'aujourd'hui, ô mon frère, est le plus singulier peut-être... Il nous faisait rire autrefois. Nous ne rions plus. Je rêve, et toi, tu pries. Seulement ta prière est plus vive et plus longue que les autres jours, et moi, ma rêverie plus amère. — C'est le jour des Masques pour moi, — pour toi, le jour des Quarante Heures !

II

Jour double et mi-parti, comme l'habit d'un bouffon qui rirait avec un cœur gros et des yeux en larmes... Vêtu comme Scaramouche, — ici d'un jaune éclatant et joyeux, là d'un noir funèbre. Païen et chrétien à la fois, jour d'éternelle dissipation et d'adoration perpétuelle. — C'est le jour des Masques pour moi, — pour toi, le jour des Quarante Heures !

III

Jour des Masques, — il est bien nommé, quoiqu'on eût pu appeler ainsi tous les autres jours de la vie; mais ses masques, à lui, sont plus gais, et personne ne nie, ce jour-là, qu'il en ait un sur la figure. Le soleil lui-même a le sien et se cache sous le *loup* d'un nuage. L'as-tu remarqué?... Il fait presque toujours un équivoque beau temps où, grise comme un domino gris, tombe autour de nous la lumière. Seul, dans l'église où les cierges allumés font le soleil qui manque aux rues, Dieu se fait voir à visage nud, sans le voile de son tabernacle. — C'est le jour des Masques pour moi, — pour toi, le jour des Quarante Heures !

IV

O mon ami, mon cher Léon, ce jour, sinistre dans sa gaîté, pour moi, est rempli, pour toi, de joies saintes! Pour toi, il fait flamber plus fort l'encens de ton cœur embrasé; pour moi, dans le mien, il ne remue, du bout de son doigt ennuyé, que des cendres éteintes. O Prêtre heureux! ô Prêtre heureux! quand, dans ta stalle de Saint-Sauveur, sous les vitraux qui tamisent pour moi tant de pensées, avec la lumière, tu chantes ton Seigneur Dieu, aux longues après-midi des vêpres, tu n'as jamais fermé une seule fois le missel orné de rubans, et baissé le front sur ta poitrine, couverte du surplis tranquille, pour rêver aux jours de ta jeunesse, — et à moi, ce jour, comme un bourreau masqué, apporte la tête de la mienne!

C'est le jour des Masques pour moi, — pour toi, le jour des Quarante Heures!

Le Dimanche du Carnaval 1859.

LES YEUX CAMÉLÉONS

A G.-S. Trebutien

I

C'ÉTAIT une de ces nuits comme nous en passons, vous et moi, — vous, là-bas, dans les quatre pieds revêtus de chêne, ainsi qu'un cercueil, de votre cellule solitaire, et moi, dans un endroit plus triste encore; car la salle que j'habite, c'est mon cœur. — Celle que nous détestons tous deux, mais qui, Elle! nous aime, la hanteuse de nos chevets, l'Insomnie, vint s'asseoir à côté de moi, et se mit à me regarder avec ses yeux si grands, si mornes et si pâles, — ses yeux si démesurément ouverts et qui, par un magnétisme implacable, dilatent les yeux qui les regardent et les empêchent de se fermer.

II

Et cette nuit-là, ces yeux ouverts semblaient plus grands aux miens et plus pâles au fond des ténèbres. Comment s'en détachaient-ils ? car ils n'y brillaient pas, ils n'y luisaient pas, — et cependant ils y étaient, apparaissant dans l'obscurité, comme le regard blanc d'une statue qui nous fait tout à coup tressaillir au détour d'une allée, à travers le bois, dans le crépuscule.

III

Et ils étaient si désespérés, ces pâles yeux, si désespérés et si fixes; il y avait dans l'immanence de leur fixité quelque chose de si dévoré, de si consumé et pourtant de si *inconsumable;* on sentait si bien que, malgré leur blafarde couleur de poussière, ils brûlaient plus fort *par dedans,* — dans une secrète agonie, — qu'on s'étonnait vraiment qu'Albert Dürer n'eût pas mis un pareil regard sous le front d'Atlas accablé de sa terrible Mélancolie!

IV

Et pour ne pas les voir, ces insupportables yeux, qui ouvraient de force les miens, — comme le couteau de l'écaillère ouvre ses huîtres, — je rallumai ma lampe éteinte. La goutte d'or filtra le long des lambris sombres et, tombant comme une larme dans ma glace frissonnante au fond de son cadre d'ébène, attacha sa faible étincelle jusque sur la pointe des genoux crispés du noir crucifix de bronze; mais elle ne chassa ni ne dissipa la vision de ces yeux ouverts, — si follement grands, et si cruellement fixes, mais dont aucun rayon désormais ne pouvait plus raviver la cendre!

V

Astres morts, mais visibles toujours, ils restaient, tenaces comme un mauvais rêve, aussi bien dans la lueur dorée que dans les ténèbres. Et je ne voyais qu'eux! Et j'oubliais à quelle tête ils appartenaient; car ils étaient si grands qu'ils en paraissaient seuls! Et je me disais : « Étrange vue! Ne serait-elle donc qu'un regard ouvert, de la tête aux pieds, l'Insomnie?... » La Nuit passa. Les Heures s'enfuirent, ces lâches Immortelles qui fuient toujours, et en nous quittant, comme des Parthes, nous décochent une flèche de plus dans nos cœurs qui en sont tout remplis! La lampe épuisée s'éteignit, et, dans le noir rideau d'obscurité retombé le long des murailles, les yeux pâles du Monstre nocturne continuèrent d'agrandir leurs deux orbes immenses jusqu'au matin, où ils disparurent comme si leurs paupières, toujours agrandies, s'étaient reployées, stores vivants! l'une dans le plafond aux mornes rosaces, l'autre dans les violettes scabieuses du tapis.

VI

Et délivré de cette obsession éternelle, je pensais à cette pâleur qui n'avait été vaincue que par les traits étin-

celants du Jour et je me disais qu'un peu au-dessus de
cette nuance sépulcrale, il n'y avait plus de couleur, —
que ces yeux seulement un peu plus pâles, disparaîtraient!
Je me disais que je ne les verrais plus, que je pourrais
fermer les miens et m'engloutir sous ma paupière!

VII

Car ils pouvaient changer. Vous n'avez pas toujours
été de cette pâleur de fantôme, ô yeux infatigables de
l'Insomnie! Vous n'avez pas toujours été béants, stupé-
faits, immobiles. Vous avez parfois baissé la paupière.
Vous avez eu l'éclat, le mouvement et la vie. Je vous ai
vus — il n'y a pas si longtemps encore! — pointer mes
nuits de vos lumières, plus beaux, plus scintillants, plus
nuancés que ces astres qui ne dorment pas non plus sur
nos têtes et qui sont les yeux des horizons! O pâles yeux,
vous aviez alors des nuances d'arcs-en-ciel et d'Aurores,
quand vous m'apportiez, dans le jais des nuits, l'émeraude
de la verte espérance, les jalouses tendresses de l'azur et
la pluie de rubis de l'amour en flammes! Tous les yeux
des femmes qu'on aima, passaient, reflets de souvenirs,

veloutés par le passé et divinisés par l'impossibilité des caresses, dans les miroirs ardents de tes yeux de caméléon, ô Insomnie! et nous y retrouvions jusqu'à leurs larmes!

VIII

Mais vous n'êtes plus, ô yeux caméléons! Le reflet des yeux qu'on aima s'évanouit encore avant notre âme. L'insomnie ressemble à la vie. Nos nuits ressemblent à nos jours. Y a-t-il maintenant pour nous, dans l'existence dépouillée et déteinte, une seule couleur, même triste, mais encore douce, que vous puissiez, ô yeux caméléons, échos pour le regard et l'âme, vaguement, hélas! nous répéter? Yeux caméléons de l'Insomnie de nos jeunesses, vous êtes à présent comme les autres yeux inanimés que nous contemplons dans la vie, cette longue veille de jour qui met si longtemps à finir!

IX

Sans doute, il fallait qu'il en fût ainsi et je le savais...

N'est-ce pas la destinée?... Mais alors, ô yeux caméléons, pourquoi ne pas fermer les nôtres, quand vous avez cessé de briller dans nos tristes nuits? Pourquoi ne pas nous endormir du sommeil qui n'a pas de rêves, — pas même le rêve du rêve, le rêve des reflets évanouis? Pourquoi enfin viens-tu chaque nuit, ô Insomnie! comme le spectre d'Ophélie noyée, portant dans tes cheveux mêlés les brins de paille du lit sur lequel nous veillons dans l'angoisse, t'asseoir sur nos pieds en nous regardant, ô Magnétiseuse de Folie! et nous tuer si lentement avec tes yeux pâles — qui furent les *yeux caméléons*?

SONNET

I

Dans cette fuite du Temps qui tombe en poussière derrière nous quand il est passé, il est un jour, il est une heure que Dieu marque du plus pourpré de ses rayons sur le front des femmes qui sont belles, et dont la lumière reste, fixe et brillante, dans notre pensée, comme l'astre polaire des plus chers souvenirs de nos cœurs.

II

Heure solennelle dans la Vie! Quand la Beauté, comme un arbre divin, montant toujours dans la splendeur de son feuillage, touche enfin son zénith et semble entr'ouvrir le ciel même, — heure solennelle et sacrée! Le nom que vous portez est pourtant bien terrible dans la langue de celles qui n'ont pas le calme olympien de la Beauté consciente et suprême :

Vous vous appelez Trente-Six Ans, heure magnifique de la Vie! Orbe fulgurant de la roue, un instant arrêtée! Minute d'immortalité! Plein de la mer pour la Beauté, mais seulement quand la Beauté, comme l'Océan, est immense!

Ah! laissez-moi vous contempler sur un front digne de vous porter, heure si longtemps attendue! heure de gloire de la Beauté accomplie! Laissez-moi ramasser, pour les jours où vous ne serez plus, les rayons fulminants de votre auréole, astre de Beauté au zénith, mais sans zénith dans mon âme, inextinguible soleil qui monterez toujours!

18 juillet 1854.

LES ARABESQUES D'UN TAPIS

I

Quatre mains prirent un fragment de tapis, — d'un tapis inachevé, — tombé depuis bien longtemps de deux autres mains mortes.

II

Et nous vîmes alors se déployer les Arabesques de ce tapis, s'entrelaçant, se redoublant sur un fond sombre, fusée de laines aux couleurs mêlées comme la crinière d'un cheval qui court contre le vent, semis de constellations incompréhensibles qu'une aiguille rêveuse jusqu'à la folie avait sablées sur un ciel qui n'existait plus, tant il était noir!

III

La ligne mystérieuse et fantasque courait, se tordait, s'allongeait, se carrait, et prenait toutes les formes d'une géométrie impossible; et cela nous faisait plus rêver, nous les monteurs de l'hippogriffe, que les plus belles formes de la nature, les types les plus purs et les plus magnifiquement complets.

IV

La pensée attirée, fascinée, courait sur ces Arabesques comme la flamme court sur de la poudre; mais c'était en vain! Elle n'y retrouvait pas à dévorer une seule des pensées qui y avaient couru sous l'aiguille distraite ou préoccupée.

V

Et cela faisait de ces Arabesques, inachevées par ces deux mains mortes, quelque chose de plus triste que leur horrible fond noir!

1854.

LES BOTTINES BLEUES

> Si j'avais à tuer un ennemi, je voudrais forger moi-même mon glaive. Je le ferais bizarre comme un criss Malais et dentelé comme une scie ; arabesque d'acier, tordue par la fantaisie d'un démon ! Et dans l'originalité de chaque blessure ouverte par ce glaive inouï et comme fou, je rêverais une invention de douleur qui pâmerait de volupté ma vengeance !
>
> A... (*Inédit*)

I

Dans cette savante cité qui passe pour l'Oxford de la France, il est une autre miss Milbank (une Milbank sans la vertu toutefois), qui n'épousa pas de Byron, mais un professeur de bazoche, et qui, à défaut d'un noble et poétique époux, torture bêtement les cœurs qui l'aiment. Sans nom, sans jeunesse, sans beauté, cet atroce bas-bleu a pourtant rencontré — ô hasard ! — des poètes qui avaient la berlue et qui ont cru — les niais ! — que comme le Dieu du jour, elle portait des bottines bleues de la couleur de l'Empyrée.

II

Mais ce fut l'erreur d'un moment et l'illusion d'une bluette. Les fantastiques bottines d'azur ne ressemblaient point à des brodequins de Déesse. Ce n'était pas le cothurne céruléen qui luit aux sveltes jambes de Diane, emprisonnant ses chevilles d'opale dans un cercle fermé de sombres saphirs. Ce n'étaient pas non plus les aigues-marines d'Amphitrite, rattachant la sandale de nacre au-dessus de ce pied divin qui courbe le front des flots domptés, tout en reposant tranquillement sur d'orageux tapis d'écumes.

III

Non! ce n'était pas cela, ô Volupté! — ô Chasteté, ce n'était pas cela! Vous pouviez garder vos caresses. Nous avions attaché avec des agrafes d'un or trop pur à des pieds d'une argile grossière des bandelettes idéales et stupides, faites, hélas! avec cette étoffe outremer et outre-tout des plus beaux rêves! Nous n'étions que de sots rêveurs. Ces bandelettes de la couleur des firmaments que nous avions entre-croisées de nos mains d'esclaves, — mais du moins d'esclaves de nous-mêmes et de nos propres illusions, — ces bottines de la nuance des plus mystérieuses étoiles que nous avions lacées pour les voir étinceler au galbe d'une jambe splendide, n'étaient que de vulgaires chausses bleues, montant sous des jarretières lilas plus vulgaires encore, lesquelles s'allongeant, — s'allongeant comme un monstrueux caleçon indigo, — faisaient ressembler celle qui les portait à une grotesque Vénus Égyptienne dans sa gaîne de marbre lapis.

IV

Et comme étouffée dans le tricot de cet étui baroque, elle était bleue jusqu'à la face! Front, bouche et joues avaient perdu les teintes éclatantes et vermeilles qui sont la gloire de la Vie, le pain et le vin de l'Amour, la couronne blanche et rouge de l'humaine Beauté. Sur ces traits obscurcis s'étendait lourdement l'affreuse couleur des pédantes. On eût dit qu'en toute sa personne, il n'y avait plus qu'une seule place qui ne fût de ce bleu ridicule et hideux. Et c'était la place de son cœur, — de son cœur noir comme un ulcère, — de son cœur qui n'avait jamais été assez vivant pour porter, même un jour, l'éphémère bleu d'une meurtrissure !

V

Mais le bas-bleu, fier de son azur, l'étalait avec l'orgueil d'une Muse. Elle était de race pédantesque. Son *sang bleu* — comme disent les Espagnols en parlant de la pureté Gothe — n'était guères que de l'encre, — mais de l'encre double et bien faite, de celle-là qu'on appelle *la petite vertu*. Son père, qui passait pour savant dans sa petite ville de province, l'avait (disait-on) fouaillée dans son enfance pour trouver du goût à Hegel et lire Kant dans son jargon barbare. A force de coups sagement distribués, elle était devenue philosophe. Elle mâchait l'impiété et les idées allemandes comme les Javanaises le bétel.

Les professeurs d'Université, qui faisaient leur roue de dindon, dans leur jupon noir, autour d'elle ; tous les cuistres de l'endroit, à qui elle aimait à démontrer genou à genou l'unité de substance, disaient que c'était une tête forte et, comme à la Papesse Jeanne de leur incrédulité, lui auraient baisé, en guise de mule, ses bottines bleues.

VI

Et ce n'était pas tout. Elle se croyait une Artiste ! Il est vrai qu'elle aimait les bateleurs et qu'elle avait pour les chanteurs d'opéra (plus ou moins comique) le goût obscène qu'avaient les Romaines pour les joueurs de flûte, dans le temps où cette jeune louve de Messaline avait remplacé au glorieux chenil du Capitole la louve décrépite de Romulus. Pourtant nous n'exagérons pas : ce n'était point une Messaline. Les goûts relevés et ardents des corruptions fortes étaient, dans son âme, trop affadis par le verbiage des prétentions à l'esprit et la vanité littéraire pour qu'elle pût mériter jamais l'immense outrage d'un pareil nom. Son pied, fait pour le chausson bleu, ne pouvait profaner la pourpre écarlate des Impératrices, et ses vices n'étaient que bourgeois. Ils n'avaient ni splendeur fauve ni profondeur noire. Passions mêlées qui, en se mêlant, avortaient! On y reconnaissait la lâcheté qui se cache et la bêtise qui se trahit. Machiavel l'aurait méprisée. Il n'y avait pas plus en elle de Lucrèce Borgia que de l'autre Lucrèce. Type plus commun et moins osé, mi-parti d'hypocrisie et d'impudence, sur le fond duquel s'épanouissait souvent une madame Honesta, panachant tout à coup une Philaminte compromise, laquelle, après les ronds de jambe et les ronds de phrase accoutumés, faisait chastement retomber une robe prude jusque sur le bout, — l'irréprochable petit bout de ses bottines bleues!

VII

Un jour, au milieu des pédants qui l'encensaient de leur fumée, il se rencontra un grand cœur qui eut l'audace de l'aimer comme si elle en valait la peine. C'était un de ces Esprits immortels qui doivent éternellement reproduire l'histoire de ces Anges de lumière (trop lumineux peut-être pour ne pas aimer beaucoup l'ombre), et qu'on vit aux premiers jours de l'univers quitter le ciel pour les filles des hommes. Oui! c'était un de ces êtres saintement purs et si élevés qu'ils ne peuvent jamais aimer qu'au-dessous d'eux dans la vie. Eh! comment l'aurait-elle compris?... N'avait-il pas en lui tout ce qui ajoute au bandeau de l'Amour et au bandeau de la Fortune?... Il possédait la puissance du Rêve et il était d'une si noble nature qu'il en paraissait lui-même un. Poète dont la poésie ne tenait pas seulement dans la pensée, il était un de ces Pygmalions qui se tailleraient des Galatées dans la pierre, l'argile et la fange, et feraient passer leur génie dans les plus viles matières, mais n'y peuvent faire passer leur âme. En cela plus malheureux que le sculpteur antique, — car les Galatées qu'ils élèvent sur le piédestal de leur cœur n'en descendent que quand le piédestal est écrasé par la statue!

VIII

Mais elles en tombent alors... Et elle en tomba!... Il vint un moment où ce chef-d'œuvre d'un cœur insensé s'écroula sur le cœur qui avait été son pavois, — son pavois brûlant et son piédestal idolâtre! Brute et imbécille bloc humain sur lequel l'Amour et la Poésie avaient moulé le masque radieux de Junon l'Olympienne! elle tomba du cœur qui l'avait portée et qu'elle avait fini par briser sous son poids inerte... Ah! ce fut un jour de douleur, mais ce fut aussi un jour de délivrance, quand cette beauté sculptée par nous, cette chimère née de nos caresses, ce bas-bleu dont nous avions fait une fière Déesse de marbre turquin, tout un éblouissement d'azur, comme le Ciel, l'Océan, les Espaces, ne fut plus devant nous que ce qu'elle était, — un bas-bleu descendu et mis de plain-pied sur la terre, un être déformé par de trop viriles ambitions, une femme déchue à qui il fallait couper la chevelure comme aux rois qui ne sont plus dignes de régner, mais à qui nous nous contentâmes d'arracher en riant ses bottines bleues!

IX

Et ce jour-là, la Justice reconnaissante baisa au Mépris sa main vengeresse; car la foudre sous laquelle était tombée cette Titane de nos inventions n'avait été que le dard grêle et tremblant d'un Mépris pâle, la désillusion amère du cœur qu'elle avait abusé. Celui qui l'avait tant aimée vit alors avec une froide et silencieuse angoisse que ce qu'il prenait pour un rubis bleu, un pur saphir, la plus rare gemme qui ait jamais bercé la lumière dans son doux berceau lazuli, et ce qu'il avait adoré comme les Arabes adorent leur Pierre Noire, n'était — comme le saphir — qu'un peu de terre glaise, non plus colorée par le fer*, mais par un peintre bien plus puissant que le fer : la tendresse. Hélas! au temps qu'il buvait par les yeux l'enivrement et la cécité dans la coupe flamboyante de ce diamant azuré dont il se croyait le Rundjet-Singh, jaloux et superbe, s'il avait vainement désiré sabler — comme la Buveuse de perles antique — d'une seule gorgée toute sa richesse pour savoir comment on meurt de l'orgueil de la possession ou plutôt de sa volupté, il lui restait du moins encore la puissance de donner à ses ressentiments cette jouissance de Cléopâtre, en dissolvant la pierre fausse qui l'avait trompé dans le vinaigre de quelque vengeance, — ce vinaigre parfois plus doux aux lèvres desséchées des hommes que tous les parfums des sorbets! Il aurait pu... mais il ne voulut

* Le saphir, comme le rubis, n'est qu'un peu de terre glaise que le fer colore. (*Voir tous les Minéralogistes.*)

pas. Il lui répugna de faire de son cœur saignant un écrin de pourpre tiède pour la pierre qui l'avait déchiré... d'être le tombeau vivant d'une illusion morte... maintenant détestée. Dans son altière miséricorde, il se détourna de toute cette poussière que, — comme le soleil, — il avait irisée en la regardant, et c'est ainsi qu'il fut vengé! Il reprit son regard à cette femme et le dessouilla d'elle en le reportant dans l'azur plus pur et le calme du ciel, et voilà comme de cette perle fondue, il ne resta plus que l'huître... et deux ignobles bas-bleus de Cathos, des deux rayonnantes bottines bleues!

X

Mais moi, qui n'avais pas le même dédain... ou la même grandeur; moi qui, comme Achille, avais à venger bien plus que la mort de Patrocle, mais sa douleur et son injure, je le laissai, ce noble Esprit, monter dans le calme, la sérénité, le silence d'une âme apaisée, comme un Aigle emportant la flèche et perdant son sang dans la nue, — certain de guérir au sein de l'éther! Je le laissai — en l'admirant — se réfugier dans la hauteur de sa pensée. Mais je me jurai d'être son Justicier, à lui le Méconnu, et le bourreau de cette Vanité sans cœur, qui n'avait rien compris au véritable amour d'un homme! Seulement trop intelligent pour être atroce, je sentis bien que je devais rapetisser mon rôle de bourreau et mettre le supplice de taille avec elle. Si, au Moyen-Age, on appliquait une croix brûlante sur les fronts condamnés, je n'avais point à prostituer le luxe cruel d'une croix d'acier à ce front sottement philosophe. Quelques gouttes d'encre — de cette encre qu'elle avait aimée — suffisaient pour couvrir ce front d'un ridicule ineffaçable, et joyeusement je l'en tatouai! Je l'en tatouai en attendant le moment vengeur et qui viendra bientôt, où laide, vieille, abandonnée, cette Escarbagnas roturière de la Pédanterie, sur la tête de qui l'amour d'un Poète aurait déployé un pavillon semé d'étoiles, — un tabernacle d'intimité pour sa vieillesse, — ne sentira plus dans sa vanité humiliée et solitaire, que les morsures envenimées de ces brodequins de force dont l'idée la faisait blêmir de terreur quand nous en parlions devant elle, et qui s'appellent : les Bottines bleues!

Avril 1855.

LES TROIS TASSES DE THÉ

I

J'étais seul. — Elle était au bal, hier soir, dans sa robe couleur de la lune. Cœur fidèle, j'en suis sûr, dans son jupon changeant! Et je pensais au jupon d'opale, en regardant l'or pâle du thé qui, léger et brûlant, tombait dans ma tasse, — brûlant et léger, comme un premier amour!

II

Et c'était de l'ambre et non de l'or, tant cet or liquide était pâle, et voilà pourquoi, visionnaire d'amour, j'y

voyais flotter un reflet de la jupe aux teintes incertaines,
lorsque bientôt il se fonça, le clair breuvage, et, plus brûlant, passa de l'or pur au rouge éclatant dans le Sèvres
diaphane, — rouge comme le sang d'un homme qui n'en
est plus aux premières gouttes et qui verse le *milieu* de sa
veine dans la blessure d'un second amour!

III

Mais ce fut à la troisième fois qu'il se fonça plus âpre-
ment encore, ruissela plus lentement dans le calice de
porcelaine, — épais, noir et fumant comme le sang mortel
de ce taureau qu'on fit boire, dit-on, pour le tuer, au Roi
Cambyse. Alors, plus d'or! plus de lumière! plus de vermillon! mais la pourpre sombre, profonde et amère, —
la veine vidée jusqu'au fond, toute la vie! toute l'âme!
tout le cœur brûlé dans sa flamme la plus intense, —
dans l'inextinguible brasier d'un dernier amour!

IV

Et le croiras-tu ?... Oui ! tu le croiras. Cette sombre couleur — si loin, si loin des teintes pâles du satin miroitant et lutinant de la jupe d'opale, — était celle-là pourtant qui me rappelait le plus la chaste robe de l'ange vêtu de rayons qui a pris ma vie sur ses deux ailes et l'a emportée dans son ciel !

LAOCOON

A G.-S. Trebutien

I

Le Grand-Prêtre était debout, fort et majestueux comme un rouvre, et ses deux fils aux chevelures d'hyacinthe, à trois pas de lui, auprès de l'autel... La lumière bleue, safranée d'or, qui inonde tout l'Olympe quand les Dieux sont en fête, transperçait d'azur la coupole du ciel, et la mer, plus bleue à son tour sous ce bleu doré des sommets de l'Olympe, étincelait au loin, — arc de cercle immense, — dans une sérénité qui, ce jour-là, semblait immortelle.

II

Tout à coup, tout à coup, sans bruit, sans frémissement, sur la coupe d'huile de cette mer sommeillante, sans qu'un seul flot se gonfle et saute, comme saute le saphir du chaton de la bague où il brillait, sans un seul flocon d'écume qui tache cette vaste profusion d'azur et, par un trouble, annonce leur présence,

III

Deux serpents, d'un bleu aussi doux que celui de la mer et se confondant avec elle, glissèrent, souples, charmants, reployés comme deux bandelettes oubliées et tombées du front d'Amphitrite, et moelleusement roulèrent comme cette mer qui baisait si amoureusement son rivage!

IV

« Les vagues montent jusqu'à l'autel », pensa le Grand-Prêtre, presque enorgueilli de cette faveur de Neptune, — et les deux vagues vivantes l'avaient déjà pris dans leurs replis terribles, et elles l'étouffaient comme jamais vaisseau ne fut étouffé par les flots irrésistibles, — sur les mers !

V

Il lutta, ce rouvre, mais ce fut en vain ! Les serpents, les traîtres serpents aux écailles lapis, avaient redoublé leurs anneaux autour de ce torse immobile, dont les bras meurtrissaient les flancs sous la chaîne affreuse qui les étreignait, et c'est de là que, s'élançant vers les deux enfants accourus pour sauver leur père, ils avaient piqué l'un jusqu'au cœur et dévoré l'autre aux sources inférieures de la vie !

VI

Et repus de ce sang jeune et fort qu'ils avaient bu d'un coup, tachés de ce sang, devenus violets de bleus qu'ils étaient, dans cette pourpre, ils avaient ramené leurs longs cous, hideusement gracieux, vers le front livide du Grand-Prêtre, et de leur spirale lui avaient fait une épouvantable couronne, lui versant dans chaque tempe, ces messagers des Dieux, comme on verse le nectar aux hommes, tout ce qu'ils avaient de venin, de férocité et de morsure!

VII

Et la tête livide noircissait, et le venin toujours versé de ces reptiles divinement monstrueux était moins cruel pour ce père que le sang dégorgé de ses fils qui se mêlait au sien et qui empoisonnait *mieux* son agonie!

VIII

O Laocoon! Laocoon! nous te connaissons... Nous avons assez frémi devant ton bronze muet qui crie. Nous te connaissons, Laocoon! N'es-tu pas encore plus terriblement sculpté dans notre propre chair que dans l'airain des plus forts sculpteurs? Ne sommes-nous donc pas tous des Laocoons dans la vie?... N'avons-nous pas tous nos serpents sortant de la mer bleue, et nous saisissant, — comme toi, Laocoon! — au moment d'un beau sacrifice, au pied joyeux de quelque autel?...

IX

Nos fils, à nous, Laocoon! ce sont nos pensées, nos espérances, nos rêves, nos amours, devenus avant nous les victimes de la destinée, la pâture de ces serpents maudits qu'on n'aperçoit se glisser dans la vie que quand ils se glissent dans nos cœurs et qu'il n'est plus temps de leur échapper!

X

Et à nous aussi, comme à toi, Laocoon, le sang de nos rêves immolés semble plus cruel et plus envenimé que tous les autres poisons qu'on fait couler dans nos blessures! Nous sommes tous pères de quelque chose qu'il faut voir, devant nous, mourir! Mais, ô le supplicié des Dieux! ne te plains plus de ton supplice. Nos serpents sont plus obstinés que les tiens. Du moins, toi mort, les tiens te laissèrent, Laocoon! On les vit se détacher de toi et retourner dans la mer bleue. Ils s'y dessouillèrent de leur crime dans la lumière liquide de ses flots. Mais les nôtres ont moins de fierté et un acharnement plus bas... Ils ne retournent pas à l'abîme d'où ils sont sortis. Ils restent, hélas! sur nos dépouilles, — couronnes de souillures éternelles sur nos fronts morts que le monde imbécille croit vivants, parce que ces horribles serpents s'y agitent encore et font une simagrée de vie avec ce qui fut la suprême douleur!

8 février 1857.

TABLE

TABLE

Quand tu fus partie... 1
Quand tu me reverras... 5
Niobé. 7
Les Quarante heures. 15
Les Yeux caméléons. 19
Sonnet. 27
Les Arabesques d'un tapis. 29
Les Bottines bleues. 33
Les trois Tasses de thé. 45
Laocoon. 49

Achevé d'imprimer

le vingt-neuf avril mil huit cent quatre-vingt-dix-sept

PAR

ALPHONSE LEMERRE

6, RUE DES BERGERS, 6

A PARIS

o. — 2285.